WER ERZIEHT,
TEILT SICH SELBST MIT

JULIÁN CARRÓN

WER ERZIEHT

TEILT SICH SELBST MIT

Ein Beitrag zur
von Papst Franziskus
initiierten Veranstaltung
„Wiederherstellung eines
globalen Bildungspakts"

eos

Aus dem Italienischen übersetzt von
Martin Groos und Maria Groos

Der Übersetzung liegt folgendes Werk zugrunde:
Julián Carrón, *Educazione. Comunicazione di sé.*

mail@eos-verlag.de
www.eos-verlag.de

ISBN 978-3-8306-8076-5

Bibliografische Information der Deutschen Bibliothek
Die Deutsche Bibliothek verzeichnet diese Publikation in der Deutschen Nationalbibliografie; detaillierte bibliografische Angaben sind im Internet unter http://dnb.ddb.de abrufbar.

Layout: Xaver Roßkopf, Schönfeld
Druck und Bindung: EOS-Druck Sankt Ottilien
Printed in Germany

INHALT

7 Vorwort

13 Erziehen heißt, den Sinn des Lebens mitzuteilen. Erziehen ist nicht einfach ein Wort, sondern eine Erfahrung

37 Damit das Herz unruhig bleibt

53 „Wer erzieht, teilt sich selbst mit, seine Weise, mit der Wirklichkeit in Beziehung zu treten“

VORWORT

Die Erziehung gehört zu den größten Herausforderungen, die man sich vorstellen kann. Allenthalben sind angesichts der schwierigen Lage sowohl Erwachsene (Eltern und Pädagogen aller Art) als auch junge Menschen verunsichert. Noch nie war der Ausdruck „Erziehungsnotstand“ so treffend wie heute.

Deshalb ist die Initiative von Papst Franziskus zur „Wiederherstellung des globalen Bildungspakts“ eine Chance für alle: „Alle Institutionen müssen sich nach den Zielen und Methoden fragen lassen, mit denen sie [...] sich persönlich und gemeinschaftlich [...] einsetzen [...], wobei die Begeisterung für eine offenere und integrativere Bildung erneuert wird, die fähig ist, geduldig zuzuhören, einen konstruktiven Dialog und gegenseitiges Verständnis zu fördern.“[1]

[1] Botschaft von Papst Franziskus zum Start des Bildungspakts, 12. September 2019.

Angesichts dieser Herausforderung brechen Skepsis bei den Erwachsenen und Verletzungen bei den Jugendlichen auf.

Wohin wir auch schauen, nehmen die Schwierigkeiten überhand. Um der Probleme Herr zu werden, werden immer neue Regeln und Handlungsanweisungen vorgeschlagen, neue Grenzen werden gesetzt. Aber es erweist sich als unmöglich, mittels Regeln und Handlungsanweisungen das Ich wachzurufen und sein Interesse so weit zu wecken, dass die Person sich auf einen Weg einlässt, der sie wachsen lässt.

Sollen wir also das Handtuch werfen und vor der Herausforderung kapitulieren?

„Nur etwas Unverhofftes kann ich erhoffen", sagte Eugenio Montale.[2]

Ein jugendlicher Rom, der am Rande einer Großstadt lebt, schwänzt oft die Schule. Seine Eltern können sich nicht um ihn kümmern, und er lebt planlos in den Tag hinein. Eines Tages sagt

[2] E. Montale, *Gedichte 1920–1954*, Hanser, München 1987, S. 217.

eine Lehrerin zu ihm: „Schau, du schaffst das, dir fehlt es an nichts. Morgen findet ein Test statt, kommst du? Ich warte auf alle Fälle auf dich.“ Regen und ein Streik des öffentlichen Nahverkehrs halten den Jungen nicht ab. Er kommt am nächsten Tag zu Fuß ganz durchnässt in die Schule. Er hat sich verspätet, will aber trotzdem hineingehen. Der stellvertretende Schulleiter fragt ihn: „Warum?“ Er antwortet: „Weil die Lehrerin auf mich wartet!“ Wie war das möglich? Die Lehrerin hatte etwas in dem Jungen in Bewegung gesetzt. Ein wertschätzender Blick kann mehr bewirken als alles andere. Jene Lehrerin sagte mir, dass sich das Verhalten des Jungen in der Klasse geändert hat. Er will jetzt lernen. Weder Regeln noch pädagogische Strategien oder moralische Appelle hatten den „Brennpunkt“ (Pavese) im Herzen dieses Schülers bewegen und aufwecken können. Dieses einfache Beispiel zeigt, wie entscheidend es ist, dass ein Erwachsener auf die tief empfundenen Bedürfnisse des anderen eingeht: Auf das Bedürfnis, geliebt und angenommen zu werden, so wie man ist.

Aber genau das ist heute gefährdet. In unserem Lebensumfeld ist ein Argwohn entstanden.

Überall mangelt es an Vertrauen in den Beziehungen. Daraus entsteht eine hohe Wachsamkeit gegenüber dem Risiko des Missbrauchs und der Manipulation von Kindern durch Erwachsene, das in jeder erzieherischen Beziehung besteht. Wenn wir diesem Argwohn erliegen, wird in der Folge die persönliche Anteilnahme des Erziehers in der Beziehung zu den Jugendlichen gehemmt und die erzieherische Beziehung wird abstrakt. Wir alle können die verheerenden Folgen erahnen, die sich daraus für die Beziehungen zu den Jugendlichen ergeben. Die Jugendlichen brauchen heute mehr denn je die Begegnung mit Erwachsenen, die in der Lage sind, die menschlichen, intellektuellen und affektiven Ressourcen der jungen Menschen zu aktivieren. Wenn wir unser erzieherisches Ziel erreichen wollen, dann müssen wir diese Schätze heben.

In diesem Klima wird es einerseits schwieriger, auf die erzieherische Herausforderung zu reagieren. Andererseits kann es sich – paradoxerweise – als eine enorme Chance für uns Christen erweisen. Wir haben Gelegenheit, Zeugnis von der Überfülle zu geben, die wir in der Beziehung zu Christus erfahren und aus der eine Freiheit in unserer Beziehung zu anderen entspringt, die es ermöglicht, diese ungeschuldet zu lieben.

Uns liegt nicht daran, von ihnen Besitz zu ergreifen. Wir haben nur den Wunsch, das, was wir geschenkt bekommen haben, mit denjenigen jungen Menschen zu teilen, die verwirrt nach etwas suchen, nach jemandem, der auf die abgrundtiefe Not ihres Herzens antwortet. Das hat Luigi Giussani mit seiner unbezähmbaren Leidenschaft für die Bestimmung der Jugendlichen bezeugt: „Wer erzieht, teilt sich selbst mit, das heißt, seine Art, mit der Wirklichkeit in Beziehung zu treten."[3]

Auf diese Weise können wir einen Beitrag dazu leisten, „reife Menschen zu formen" und „das Gefüge der Beziehungen für eine geschwisterlichere Menschheit wiederherzustellen", so das Anliegen von Papst Franziskus.[4]

[3] L. Giussani, „Viterbo 1977", in: ders., *Il rischio educativo. Come creazione di personalità e di storia*, SEI, Turin 1995, S. 84. Eigene Übersetzung aus dem Italienischen.

[4] Botschaft von Papst Franziskus zum Start des Bildungspakts, 12. September 2019.

ERZIEHEN HEISST, DEN SINN DES LEBENS MITZUTEILEN. ERZIEHEN IST NICHT EINFACH EIN WORT, SONDERN EINE ERFAHRUNG[*]

Das Problem der Erziehung betrifft in erster Linie uns Erwachsene. Von uns hängt es nämlich ab, ob junge Menschen, unsere jungen Menschen, für ihr Leben einen Weg finden können. Ein menschlicher Weg ist keine Sammlung von Ansprachen und Worten, von Gebrauchsanweisungen, sondern ein Leben, das einem vor Augen gestellt wird und dessen Gründe sich als angemessen erweisen.

Pier Paolo Pasolini sagte: „Wenn dich jemand [...] erzogen hätte, hätte er das nur durch sein Sein tun können, nicht durch seine Worte."[1] Sind wir bereit, uns dieser Herausforderung zu stellen, von deren Bewältigung die Zukunft unseres Volkes abhängt? Damit wir die Tragweite der geschichtlichen Verantwortung

[*] Rede anlässlich der Einweihung der Oliver-Twist-Schule, Como, 19. September 2009.

[1] P.P. Pasolini, *Lettere luterane*, Einaudi, Turin 1976, S. 32. Eigene Übersetzung aus dem Italienischen.

begreifen können, die auf den Schultern von uns Erwachsenen – Eltern, Lehrern, Priestern, allen – lastet, werde ich von etwas erzählen, das in Dublin passiert ist.

Ein fünfzehnjähriger Franzose kommt an eine Sprachschule für Englisch für Ausländer und stellt alles Mögliche an. Die Lehrer beschließen, ihn zurück nach Frankreich zu schicken. Der Entschluss wird seiner Mutter telefonisch mitgeteilt. Angesichts dessen, was ihr Sohn getan hat, empfiehlt sie, man solle die Polizei rufen. Der Schulleiter empfand diese beiden Vorschläge als engherzig und unangemessen. Er rief den Jungen zu sich. Bei sich dachte er: „Ich weiß nicht, wohin mich das führt, aber ich lasse mich darauf ein …“, und begann, mit dem Jungen zu reden. Am letzten Tag des Kurses erhält er einen Anruf der Schule: Der Junge ist weggelaufen. Der Schulleiter macht sich auf die Suche nach ihm, findet ihn in einem Einkaufszentrum, bittet ihn in sein Auto, nimmt ihn mit zu einer anderen Schule, in der eine Gruppe russischer Schüler die Räume verwüstet hat, und fragt den Jungen: „Was sollen wir tun?“ Der Franzose schaut sich das Desaster an, dreht sich zum Schulleiter um und fragt ihn mit einem veränderten Gesichtsausdruck: „Warum?“ Und der Schulleiter fragt zurück: „Warum?“ Sie steigen ins Auto und der Junge sagt: „Weißt du, als ich die russischen Jugendlichen ansah, sah ich mich. Jetzt musst du mich zurück zur Schule bringen.“ „Nein“, sagt der Schulleiter, „ich bringe dich zurück in das Einkaufszentrum, wo ich dich gefunden habe.“ Er lässt ihn dort zurück. Am nächsten Tag reist der Junge nach Frankreich ab, aber vorher umarmt er den Schulleiter und verabschiedet sich. Eine irische Dame, die der Schulleiter nicht kennt, kommt auf ihn zu und sagt: „Mein Name ist Murphy, wir sind eine der Gastfamilien. Sie haben Recht.“ „Entschuldigen Sie, womit habe ich Recht?“ „Mit der Art und Weise, wie Sie mit dem Franzosen umgegangen sind.“ „Aber er wohnte doch gar nicht bei Ihnen. Woher wissen Sie das?“ „Er erzählte es allen französischen Jugendlichen und auch anderen, und einer von ihnen kam, um es mir zu berichten.“

Dieser Schulleiter und Freund musste wohl eine andersartige lebendige Erfahrung mitbringen als die Lehrer, die den Jungen nach Frankreich zurückschicken wollten, und als die Mutter, die die Polizei rufen wollte. Sonst hätte der Schulleiter sich nicht auf diese Weise bewegen können. Nur aufgrund einer lebendigen Erfahrung ging er das Risiko ein, diesen Jungen herauszufordern und ihm eine andere Art des Umgangs mit der Wirklichkeit zu zeigen.

Gleich, wie man erzieht, es ist unmöglich dieser Herausforderung auszuweichen. Versucht man das, gibt es keine Erziehung mehr. Um aber einen solchen Jugendlichen herauszufordern, braucht man mehr als nur Worte, wie sie vielleicht alle Lehrer benutzen. Man braucht eine Erfahrung: Man muss sich der Wirklichkeit stellen, so wie sie ist. Man darf sich nicht der Auseinandersetzung mit ihr entziehen, man muss der Wirklichkeit ins Gesicht sehen. Viele Erwachsene sind dem schon viel zu lange ausgewichen, und schließlich sind sie orientierungslos und verwirrt. Am Ende kapitulieren sie vor den Fragen der Jugendlichen. Es scheint, dass niemand wagt, etwas Positives vorzuschlagen, weil niemand in seinem Leben auf Gewissheiten baut. Niemand geht ein Wagnis ein, viele entledigen sich ihrer Verantwortung durch Strafmaßnahmen oder Handlungsanweisungen. Oder sie schieben die Verantwortung den Lehrern, der Polizei, der Mutter zu. Das ist ein Symptom dafür, dass sie sich nicht ernsthaft mit der Wirklichkeit auseinandersetzen. So drücken sich diese Erwachsenen davor, ihren eigenen Weg zu gehen, und können den Sinn der Ereignisse demzufolge nicht erkennen. Und was passiert dann? Sie hören auf, sich für die Wirklichkeit zu interessieren und werden mit der Zeit passiv. Deshalb ist die Erziehung nicht in erster Linie ein Problem der Kinder – sie sind, wie sie sind –, sondern die Erziehung ist das Problem der Erwachsenen. Nur wenn wir Erwachsene uns auf die Wirklichkeit in ihrer Gesamtheit einlassen, haben wir eine *Chance*, einen Sinn zu vermitteln.

So erscheint die Haltung des Freundes aus Dublin außergewöhnlich, seltsam, und doch sollte es die normale Haltung angesichts eines Jugendlichen sein: eine Haltung, für die ein Mensch in jedem Fall mehr ist als seine Grenzen und seine Fehler, denn jedes Ich ist ein Geheimnis, wird geboren als jemand, der uns „gegeben“ ist. Aber mir ist klar, dass ich diese Dinge eigentlich nicht euch erzählen sollte, denn ihr habt solche Beispiele wie das aus Dublin auch hier selbst vor Augen. Das Werk *Cometa*[2] zeugt von einer beeindruckenden Neuheit. In all diesen Jahren habt ihr, die Mitarbeiter an diesem Werk, auf diese Erfahrung gesetzt, die uns heute staunen lässt. Nicht nur uns lässt sie staunen, sondern auch einen der größten amerikanischen Experten für den Non-Profit-Sektor, Lester Salamon. Mir wurde erzählt, dass er das Werk *Cometa* besuchte und seine ganze kulturelle Bedeutung erfasste. Das ging so weit, dass er seine Auffassung von der Non-Profit-Arbeit auf den Prüfstand stellte. Hier hat er gesehen, dass das christliche Ideal Effizienz nicht behindert, sondern fördert, etwas, das man sich in den Vereinigten Staaten nicht vorstellen kann, wie er selbst sagte. Er reist seit zwanzig Jahren durch die Welt und untersucht Non-Profit-Organisationen, aber er musste zugeben, dass „dies eines der schönsten" solcher Werke ist, die er je kennengelernt hat.

[2] *Cometa* ist eine Struktur von Aufnahme-, Unterstützungs-, Bildungs- und Berufsbildungsaktivitäten für Kinder und Jugendliche in schwierigen Situationen mit Sitz in Como, Italien.

Hören wir uns an, was Don Giussani über die bereits angesprochene Auseinandersetzung mit der Wirklichkeit sagt, darüber, wie sie sich im Leben zeigt: „Als Symptom der Gewissheit empfindet man gegenüber allem, was einem begegnet, eine Sympathie. Ohne Gewissheit gibt es keine Möglichkeit der Sympathie, allenfalls in formaler Weise." Und je gewisser ein Mensch ist, „desto mehr umarmt er mit seinem Blick alles, auch wenn er wie immer durch die Straßen läuft. Für alles empfindet er eine Wertschätzung, und nichts entgeht ihm. Ihm fällt sogar das gelbe Blatt mitten in der grünen Pflanze auf. Allein die Gewissheit, dass alles einen tiefen Sinn hat, lässt uns – als hätten wir eine Antenne dafür – sogar die Andeutungen von Wahrheit erspüren, die jeder verborgen mit sich herumträgt. Um jemandem ein Freund zu sein, muss dieser nicht für wahr halten, was ich sage, und sich mir anschließen. Das ist nicht notwendig. Vielmehr werde ich mit ihm gehen wegen dieser fast unmerklich vorhandenen Wahrheit, die er in sich trägt. Nur weil ich mir der Wahrheit gewiss bin, fühle ich mich unmittelbar wie ein Bruder, wie eine Mutter und innig zugetan auch jedem Fragment der

Wahrheit, das in jedem Menschen liegt. Deshalb ist die Wahrheit die Freundin aller."[3]

Wer von uns würde sich nicht wünschen, einen Menschen zu treffen, der uns so begleitet? So wird es schließlich möglich, dass diese Lebensgewissheit, ohne die wir alle untergehen würden, auch in uns heranreift, wie durch Nachahmung, durch Ansteckung.

Nicht mit Propaganda erzieht man. Ein Erzieher gibt sich dafür hin, in den jungen Menschen etwas zu wecken, das bereits in ihnen steckt. So sucht er die Freiheit der Jugendlichen in Bewegung zu setzen. So hat es jener irische Freund gemacht, der entgegen der allgemeinen Meinung handelte und in dem jungen Menschen die Sehnsucht nach etwas Schönem und Wahrem wiedererweckte. Auf diese Weise brachte er ihn dazu, zwischen seinem Leben und dem, was ihm begegnet war, zu vergleichen. Die Androhung von Strafe oder der Polizei reichten nicht aus, um das Ich des Jungen wieder in Bewegung zu setzen. Er brauchte jemanden, der

[3] L. Giussani, *Certi di alcune grandi cose*, Bur, Mailand 2007, S. 155 f.

keine Angst vor dem Risiko hatte, der ihn nicht nur belehrte, sondern ihn herausforderte, sein Herz ernst zu nehmen und ihm eine für ihn ganz neue Sichtweise auf die Wirklichkeit zeigte. Daran sehen wir also, dass Erziehung durch eine Art „Ansteckung" durch ein neues Leben möglich wird. Das geht über Worte und Regeln weit hinaus! Worte und Regeln haben nur insofern einen Wert, als sie Instrumente eines Lebens sind, das bereits existiert. Um von sich zu sprechen, braucht das Leben Worte. Um sich zu entwickeln, braucht das Leben ein Flussbett, so wie der Fluss die Ufer braucht.

Solche Menschen werden gerade heute gebraucht. Nicht Erwachsene, die nur Reden halten und über die Grenzen anderer urteilen, brauchen wir. Wir brauchen Erwachsene, die „selbst Weggefährten für andere Weggefährten sind, Weggefährten unter anderen Weggefährten." Das heißt, dass sie eine Gegenwart sind, die andere einbezieht, in echter Freundschaft. Giussani sagte dazu: „Um eine Gegenwart zu sein, die andere einbezieht, bedarf es einer Erfahrung, die für die anderen einen Vorschlag darstellt und sie verändert. Dabei kommt es wesentlich auf die Freiheit an. Das Problem der Freiheit besteht darin, das eigene Leben von Grund auf dieser Gewissheit der Wahrheit zu übereignen. Das, was wir gerade leben, muss zu unserem Leben werden, wobei Leben bedeutet: Essen, Trinken, die Frau und der Mann, heiraten zu müssen, die Kinder, das Geld, die Pläne, wo man sich niederlässt, und so weiter."[4]

Wessen Leben von dieser Erfahrung der Gewissheit geprägt ist, kann sich auf das „Wagnis der Erziehung" einlassen. Um in der Beziehung zu jemandem etwas zu wagen, muss man auf das Herz des anderen setzen, anstatt an seiner Begrenztheit zu verzweifeln. Es ist notwendig, auf das Herz zu setzen – jenes Bündel von Evidenzen und ursprünglichen Bedürfnissen, das Bedürfnis nach Wahrheit, Schönheit, Gerechtigkeit, Glück. Auf dieses Herz gilt es zu setzen als „unfehlbares" Urteilskriterium. Dieses Kriteriums bedarf es, um die Antwort zu erkennen, sobald man ihr begegnet.

Zweitens wagen diejenigen etwas, die etwas vorzuschlagen haben, die eine Erfahrung ge-

[4] Ebd., S. 157.

macht haben, die einen Weg zurückgelegt haben, wie wir hier bei euch sehen.

Und vor allem, drittens, teilt derjenige etwas mit, der bereits im eigenen Leben überprüft hat, inwiefern das, was er anderen vorschlägt, sich angesichts seiner eigenen Bedürfnisse als Mensch bewährt.

Don Giussani hat sein Leben auf dieses totale Vertrauen in die Herzen der jungen Menschen gesetzt, er setzte fünfzig Jahre lang alles auf die „reine" Freiheit, wie er sagte. Dazu gehört eine Menge Mut! Eines seiner bekanntesten Bücher, *Das Wagnis der Erziehung*, beginnt genau mit dieser Bemerkung: „Die erste Sorge einer wahren und angemessenen Erziehung ist es, *das Herz des Menschen so zu erziehen, wie Gott es erschaffen hat.* Moral ist nichts anderes als die Fortsetzung jener Haltung, in der Gott den Menschen den Dingen gegenüber und in der Beziehung zu ihnen ursprünglich erschafft."[5]

Wir können so die Anliegen zusammenfassen, die das Herz einer gesunden Erziehungsmetho-

[5] L. Giussani, *Das Wagnis der Erziehung*, EOS, St. Ottilien 2015, S. 15.

de sind, wie Don Giussani es ausgedrückt hat: „Um zu erziehen, muss man das *Überlieferte* angemessen vorschlagen."[6] Aber der einzig geeignete Weg, den Reichtum einer Geschichte zu vermitteln, besteht darin, sie im Rahmen einer gegenwärtigen Erfahrung aufzuzeigen, „die deren Entsprechung mit den letzten Bedürfnissen des Herzens erweist. Mit anderen Worten: in einer gelebten Gegenwart, die die Gründe des eigenen Daseins aufzeigt." Schließlich muss Erziehung eine Erziehung zur „Kritikfähigkeit" sein: „Bis zum Alter von zehn Jahren (heute vielleicht schon früher) kann ein Kind noch sagen: ‚Die Lehrerin hat das gesagt, die Mama hat das gesagt.' Wieso? Weil jemand, der das Kind liebt, ihm in seinem Rucksack von Natur aus das Beste von dem mitgeben wird, was er selbst in seinem Leben erfahren und für sich gewählt hat. Aber an einem bestimmten Punkt gibt die Natur dem Kind (oder dem, der Kind war) den Impuls, den Rucksack von den Schultern zu nehmen und ihn vor sich hinzustellen. Auf Griechisch heißt das *pro-bállo*, daraus leitet sich das Wort ‚Problem'

[6] Ebd., S. 15.

ab. Es geht also darum, dass das, was andere uns mitgegeben und gesagt haben, zum Problem, zu einer Frage wird! Wenn es nicht zum Problem wird, wenn wir es nicht hinterfragen, wird es nie reif werden. Wir werden es entweder völlig irrational aufgeben oder genauso irrational daran festhalten. Wenn man den Rucksack vor sich hingestellt hat, beginnt man darin herumzuwühlen. Auf Griechisch sagt man für dieses ‚Herumwühlen' *krinein, krisis.* Daher kommt das Wort ‚Kritik'. Kritik besteht also darin, sich Rechenschaft über die Dinge zu geben, und hat damit nicht unbedingt einen negativen Sinn. Der Jugendliche wühlt also in dem Rucksack und vergleicht durch diese Kritik das, was er darin findet, das heißt das, was ihm die Tradition mitgegeben hat, mit den Sehnsüchten seines Herzens. Das letzte Urteilskriterium liegt in der Tat in uns selbst, sonst wären wir uns selbst entfremdet. Und dieses letzte Kriterium, das in jedem von uns liegt, ist bei allen gleich: Es ist das Bedürfnis nach Wahrem, Schönem und Gutem. Unabhängig von allen möglichen unterschiedlichen Arten, wie die Phantasie diese Bedürfnisse ausgestalten kann, sind sie im Grunde für alle identisch. Sie sind identisch in ihrer Dynamik, auch wenn sie in den unterschiedlichen Umständen der Erfahrung jeweils anders erscheinen."[7]

Wie viele Generationen von Erwachsenen haben diese Kritik vernachlässigt oder sie falsch eingeordnet, indem sie sie zum Beispiel auf etwas Negatives verkürzt haben! „Kritik ist auf etwas rein Negatives verkürzt worden, einfach weil jemand etwas, was ihm gesagt wurde, in Frage stellte. Wenn ich dir etwas sage und du es hinterfragst, dir die Frage stellst: ‚Ist das wahr?', dann ist das gleichgesetzt worden damit, es anzuzweifeln. Die Gleichsetzung von Problem und Zweifel ist eine Katastrophe für das Bewusstsein der Jugend. Der Zweifel steht am Ende einer Untersuchung […]. Das Problem oder das Hinterfragen dagegen ist eine Aufforderung, das zu verstehen, was ich vor Augen habe, ein neues Gut zu entdecken, eine neue Wahrheit, das heißt eine größere und reifere Befriedigung dadurch zu erfahren."[8]

[7] Ebd., S. 16 f.
[8] Ebd., S. 18.

Nun möchte ich darüber sprechen, wie dieser Blick voller Sympathie und voller Verheißung für das Leben zustande kam. Es gibt ein bestimmtes Datum, das einen Wendepunkt in der Geschichte markiert: „Die Wahrheit des Menschen ist genau *ein* Mensch, nicht ‚die Wahrheit des Menschen ist *der* Mensch‘, wie es in jeder Philosophie und jeder Bewegung heißen würde, die menschlichen Ursprungs, aus menschlicher Bemühung heraus entstanden ist. Sondern ‚die Wahrheit des Menschen ist genau *ein* Mensch‘, die Befreiung des Menschen ist genau *ein* Mensch, die Rettung des Menschen ist genau *ein* Mensch. Es handelt sich also um *einen Menschen*, mit einem bestimmten Geburtsdatum (Luk 2,1). Man kann seine Geburt auf einen bestimmten Zeitpunkt in der Geschichte datieren (Luk 3,1ff). ‚Geboren als Nachkomme Davids‘ (Röm 1,3), kann er eingeordnet werden in eine Abstammung, ein Geschlecht, eine Genealogie.“[9] Dieser Mensch führte eine an-

[9] Fraternität von Comunione e Liberazione, *Audiovisuelle Dokumentation*, Settimana Scuola quadri, Assisi (PG), 26. bis 31. August 1972, Vortrag von Don Giussani am 28. August. Eigene Übersetzung aus dem Italienischen.

dere Methode ein, deren Ergebnis wir heute hier betrachten. Diese Methode besteht darin, dass man auf eine unvorhersehbare und große Gegenwart stößt, die die Vernunft als übermenschlich anerkennt. Wenn die Vernunft nach einem Grund für diese Schönheit sucht, kann sie nicht umhin, auf etwas anderes zu verweisen.

Der Kern der Methode besteht also darin, jener personalen Wirklichkeit zu folgen, die uns in das Ereignis einer außergewöhnlichen Gegenwart einführt. Aus diesem Grund ist die Nachfolge die vernünftigste Haltung angesichts dieses Ereignisses. Für die heutige Kultur, so Don Giussani, erscheint es unmöglich, sich selbst und die Wirklichkeit allein dadurch zu erkennen und zu verändern, dass man einer Person folgt.

Heutzutage wird die Person nicht als Instrument der Erkenntnis und der Veränderung betrachtet. Erkenntnis und Veränderung werden verkürzt verstanden, Erkenntnis als analytische und theoretische Reflexion, Veränderung als Praxis und Anwendung von Regeln. Wir haben gesehen, wie falsch das ist, denn wir haben viele junge Menschen getroffen, die sich allein dadurch, dass sie einem anderen folgen, verändert haben. Johannes und Andreas, die ersten beiden, die Jesus begegneten, lernten gerade indem sie dieser außergewöhnlichen Person folgten, eine neue Art der Erkenntnis kennen. Sie lernten, sich selbst und die Wirklichkeit zu verändern. Ausgehend von dem Augenblick dieser ersten Begegnung, hat diese Methode angefangen, sich mit der Zeit zu entfalten.

„Die Erlösung ist das Ereignis einer Gegenwart und nicht ein Werk, ein Projekt, eine Konstruktion, die wir selbst hervorbringen."[10] Stellt euch vor, was für eine Revolution es ist, diese Worte in einer Zeit wie der unseren zu hören, in der man alle seine Energien einsetzt im Vertrauen auf die menschliche Fähigkeit, selbst etwas zu schaffen. Aber: „Meine Rettung besteht in dem Ereignis einer Gegenwart, sie besteht in dem Geschenk, der Gnade, der Überraschung einer Gegenwart! Noch einmal: Es ist eine ‚Begegnung'! [Dass dies Wirklichkeit ist und keine Hirngespinste, das haben wir gesehen. Eine Erfahrung nämlich, wie die, auf die wir heu-

[10] Ebd.

te schauen, bezeugt, dass dies nicht nur Worte sind.] Das Wort ‚Begegnung' legt offensichtlich nahe, dass es sich um eine Überraschung handelt [Wie viele haben das heute zum Ausdruck gebracht!], dass sie mir ungeschuldet geschieht, dass diese Gegenwart nicht im Geringsten von mir stammt. Reine Gnade. [...] Genauer: Das Ereignis der Befreiung besteht darin, dass diese Gegenwart mich ergreift, [...] ‚mich in sich aufnimmt'. [...] Nicht die menschliche Anstrengung befreit. Die menschliche Anstrengung, das ist Philosophie oder moralischer Einsatz, also Politik oder ethisch motivierte Anspannung, Askese. Weder die Politik noch die Askese vermögen uns zu befreien. [...] Wenn die Befreiung des Menschen die Frucht der Politik und der Askese wäre, dann müssten die Armen, die Zerbrechlichen, die Schwachen bei anderen Menschen in der Schuld stehen, um gerettet zu werden. [...] Stattdessen gibt es etwas Einfacheres, es gibt eine einfachere Methode, die für jeden [vom muslimischen Jungen bis zum Mädchen mit dem Wunsch zu tanzen] geeignet ist, gleich, wie die Umstände sein mögen: in einer Weggemeinschaft zu sein, auf eine Gegenwart zu schauen, von ihr ergriffen zu sein. Die Methode der Natur, um einen neuen Menschen hervorzubringen, besteht darin, ihn einer Mutter an die Brust, in die Arme zu legen und in die Beziehungen einer Mutter und eines Vaters zu geben. Das sind Vergleiche, die wir der Natur, also dem Plan Gottes, einer Struktur Gottes, entnehmen."[11]

Dass das keine Täuschung ist, sahen wir, als wir Mahmoud, dem muslimischen Jungen, zuhörten, der sagte: „Das erste, was mir auffiel, war, dass wir alle zusammen aßen und dass die Leute sich für mich interessierten, dafür, wer ich war und wie ich dorthin kam. Sie wollten wissen, was ich gerne machen würde. Mein Leben hat sich verändert, jetzt mache ich eine Lehre als Restaurator. Das ist schwierig. Aber es ist eine große Befriedigung, wenn sie mir etwas Schönes geben und ich es dann noch schöner mache." Aber Mahmoud bestätigt, wie viele andere, die ihr namentlich kennt, auch die prophetischen Worte, die Don Giussani vor Jahren sagte: „Bald [und das ist viel schneller gekom-

[11] Ebd.

men, als er dachte] wird es schwierig, fast unmöglich werden, den Menschen etwas Wichtiges mitzuteilen. Es werden dann Orte benötigt, an denen die Sehnsucht, die im Herzen eines jeden Menschen wohnt, wieder neu wachgerufen werden kann.“[12]

Darum bedeutet Erziehung, dass der Erzieher sich selbst mitteilt, d. h. seine Art und Weise, die eigene Beziehung zur Wirklichkeit zu leben.

Wenn sich für euch von *Cometa* nicht schon persönlich erwiesen hätte, dass der Glaube euch die besten Voraussetzungen gibt, um in der Welt zu leben und sich allen Umständen zu stellen, wie könntet ihr dann euren jungen Leuten ins Gesicht schauen, ohne dass euch Zweifel kommen, ob das, was ihr ihnen vorschlagt, vielleicht doch nur ein Traum sein könnte, der das Problem des Lebens nicht löst? Alle eure Bemühungen, so edel sie auch sein mögen, wären dann letztlich Teil des Problems und nicht Teil der Lösung.

[12] L. Giussani, in: Giorgio Paolucci, „Niente progetti a tavolino: la lezione dell’esperienza“, *Avvenire*, 18. September 2009, S. 10. Eigene Übersetzung aus dem Italienischen.

Und wieder kommt uns Don Giussani zu Hilfe, und die Gründe, die er uns nennt, entstammen seiner Erfahrung. Mitte der 1970er-Jahre sagte er, dass die Aufgabe darin besteht, sich anderen „in Form einer persönlichen Beziehung (Freundschaft, Begegnung) mitzuteilen, sich dazu in ihre Probleme hineinzuversetzen und sich davon ausgehend mitzuteilen. Wir müssen ausgehend von den Problemen mit ihnen in Beziehung treten, denn das Christentum ist das fleischgewordene Wort. Wenn Christus mich entsprechend all meiner Beziehungen prägt, muss er auch die Situation der Menschen prägen, die mir nahe stehen: Er prägt sie durch mich, durch uns. Der Sieg Christi schließt den Sieg und die Wertschätzung und das Heil der ganzen Menschheit, des ganzen Kosmos, der ganzen Geschichte mit ein. Sonst wäre es nicht der Sieg Christi, und Christus wäre nicht der Sinn von allem. Die Frage ist, durch welches Instrument, auf welchem Weg diese Erlösung von allem sich ereignen wird. Dieses Instrument wird von Gott festgelegt, nicht von uns. Gott hat diesen Weg gewollt, und damit stößt er unsere Intelligenz vor den Kopf. Wir selbst hätten den Anspruch, dass wir durch die Bemühungen der menschlichen Vernunft und durch politisches Engagement zum Heil gelangen. Aber weder die Philosophie noch die Politik vermögen das. Vielmehr ist es Christus in seiner Gesamtheit, ein Gefüge, das wächst und geschichtlich gesehen Christus genannt wird, mit seiner Kirche. Er zeigt uns, wen er auserwählt hat. Er wählt sie nicht aus, weil sie etwa besser wären als andere Völker, sondern weil Gott auswählt, wen er will."[13]

Es handelt sich um eine Leidenschaft für die Bestimmung des anderen, die jede menschliche Großzügigkeit in den Schatten stellt. Den Sinn des Lebens mitzuteilen macht uns auf eine tiefere Weise zu Vätern und Müttern als selbst die biologische Vaterschaft und Mutterschaft. Das bezeugt Don Giussani: „Besteht Vater- und Muttersein nur darin, dass aus dem Leib der Mutter ein Kind in die Welt hinausgesetzt wird? Nein. Und wenn du ein Kind, das von

[13] FCL, *Archivio Storico del Movimento di Comunione e Liberazione*, Movimento di Comunione e Liberazione, Raccolta testi Giussani, b. RG14, „Esercizi Camigliatello Luglio1974". Eigene Übersetzung aus dem Italienischen.

einer anderen Frau geboren wurde, im Alter von zwei Monaten, vier Monaten, fünf Monaten aufnimmst und es erziehst, bist du die Mutter, im leiblichen und ontologischen Sinne des Wortes! Und wenn du das sogar tust, ohne es bei dir zu haben – weil dein Mann es nicht will, oder weil du Angst hast und dir nicht danach ist, auch wenn du Gott darum bittest –, wenn du also ein armes Kind kennst, das schlecht lebt und behandelt wird in einer ihm fremden Familie, und du opferst deinen ganzen Tag am Morgen auf und sagst: ‚Herr, ich gebe dir meinen Tag hin, damit du diesem Kind hilfst', dann ist das eine Mutterschaft, die noch einfühlsamer, noch näher am Ursprung ist als jede andere Mutterschaft. Tatsächlich schauten unsere Mütter, die christliche Mütter waren, uns Kinder so an!"[14] Das sind nicht einfach Worte, sondern das ist die Beschreibung einer menschlichen Erfahrung, die einen in Erstaunen versetzt.

So können wir, am Ende dieses Weges, den Wert der Episode verstehen, die sich in Irland

[14] L. Giussani, *Il miracolo dell'ospitalità*, Piemme, Mailand 2012, S. 99 f. Eigene Übersetzung aus dem Italienischen.

zugetragen hat. Dieser Jugendliche war der einzige, der auf eine Gegenwart reagierte, die sein Herz mehr herausforderte, als sogar seine eigene Mutter das vermochte. Mehr als seine Fehler vermochte seine Einfachheit, die zwar unter seinen Grenzen verborgen, aber trotzdem lebendig geblieben war. Auf diese Einfachheit hatte der Schulleiter gesetzt. So wurde seine seelische Verwundung und seine menschliche Bedürftigkeit zu einer Ressource – und nicht zu einem Hindernis, als das sie von allen anderen Erwachsenen wahrgenommen wurde. Durch diese Verwundung konnte eine ebenso unerwartete wie wirkliche Neuheit in sein Leben eindringen.

DAMIT DAS HERZ UNRUHIG BLEIBT*

Gianni Riotta. Wenn er das Wort „jung“ verwendet, denkt Don Giussani nicht an das numerische Alter, an eine Gegenüberstellung von jung und alt. Für Giussani ist das Jungsein ein Dauerzustand, eine Art Lebensgefühl. Oder liege ich falsch?

Julián Carrón. Ich würde sagen, es ist mehr als ein Lebensgefühl, denn eine Stimmungslage kann kommen und gehen, aber die drängende Unruhe, die das Leben wirklich menschlich macht, ist in der Struktur unseres Ichs verwurzelt. Diese Unruhe ist ein konstitutiver Teil der menschlichen Natur, und sie hat bei jungen Menschen eine besondere Wucht. Aber den Antrieb und die drängende Unruhe, glücklich zu sein, eine Fülle des Lebens zu erreichen, brau-

* Gespräch von Gianni Riotta mit Julián Carrón anlässlich der Präsentation von Luigi Giussanis Buch *Realtà e giovinezza. La sfida* (Rizzoli, Mailand 2018) auf der Mailänder Verlagsmesse *Tempo di Libri* am 9. März 2018.

chen wir in jedem Alter. Genau das hat Don Giussani als eine Konstante begriffen, die entscheidender ist als die sich wandelnden Gemütszustände. Diese drängende Unruhe bleibt in allen Momenten des Lebens bestehen. Wichtig ist, dass dieses Drängen, mit dem man zur Welt kommt, nur dann lebendig bleibt, wenn man ihm nachkommt, wenn man es erzieht, wenn man es ständig wieder weckt. Wir identifizieren diese Unruhe oft mit einer Stimmungslage, weil sie vergeht. Das kann gar nicht anders sein, denn der Mensch muss immer neu herausgefordert werden, damit die Unruhe des Herzens immer neu geweckt wird – um es mit dem von Don Giussani verwendeten Begriff zu sagen. Denken wir an das Bedürfnis nach Gerechtigkeit: Jemand tritt mir auf den Fuß, und das ganze Bedürfnis nach Gerechtigkeit erwacht. Zwar denken wir nicht darüber nach, doch sobald es durch irgendein Ereignis provoziert wird, erwacht das Bedürfnis nach Gerechtigkeit. In diesem Sinne hat die Jugend auch mit der Stimmungslage zu tun, denn eine Provokation weckt etwas in uns, das aber doch der Natur des Menschen eigen ist und sich auch in der Stimmungslage manifestiert.

Riotta. Zum Thema der Jugend sagt Giussani mit Ada Negri in Mia giovinezza*: „Verloren habe ich dich nicht. / Eine andere bist du heute, eine schönere."*[1] *Als ob er sagen wollte, dass die Jugend immer in uns ist und weiter in uns arbeitet. Ist das so?*

Carrón. Genauso ist es. Dass ein Mensch in Negris Alter die Jugendlichkeit als etwas noch Lebendiges in sich erkennen kann, ist das Zeichen dafür, dass sie zur Natur eines jeden Menschen gehört, sie ist eine Dimension der menschlichen Existenz, würde Giussani sagen. Dass ein Erwachsener zu jemand anderem sagen kann: „Alles warst du für mich und bist du"[2], bedeutet, dass er etwas gefunden hat, das ihn immer jung sein lässt. Angesichts von Mutter Teresa zum Beispiel versteht man, was das Leben sein kann. Ich habe Giussani während der letzten Monate seines Lebens erlebt, weil ich bei ihm gewohnt habe. Er hatte ein Leuchten in den Augen, eine Fähigkeit, sich überraschen

[1] A. Negri, „Mia giovinezza", in: diess., *Mia giovinezza*, BUR, Mailand 2010, S. 78. Eigene Übersetzung aus dem Italienischen.
[2] A. Negri, „Atto d'amore", in: ebd., S. 70. Eigene Übersetzung aus dem Italienischen.

und sich von jeder Kleinigkeit beeindrucken zu lassen, die in mir die Frage wachriefen: „Wie ist es möglich, dass ein Mensch am Ende seines Lebens so sein kann? Es ist beeindruckend!"

Riotta. *Ist die Wiederentdeckung der Jugend nur etwas für die großen Persönlichkeiten – Ada Negri, Mutter Teresa von Kalkutta, Don Giussani – oder ist das eine Erfahrung, die wir alle machen können?*

Carrón. Wir alle können diese Erfahrung machen, denn die menschliche Natur ist bei allen gleich. Wir alle tragen eine Spannung in uns, die uns auf etwas Größeres hin ausrichtet. Don Giussani spricht von einer „strukturellen Unverhältnismäßigkeit".[3] Deshalb gefällt mir Leopardis Ausdruck so gut: Das, was wir als Unglück betrachten, nämlich durch nichts Irdisches befriedigt zu werden, zu spüren, dass „alles, verglichen mit der Denkkraft der eigenen Seele, klein und unbedeutend ist"[4], und die Langeweile, die

[3] L. Giussani, *Der religiöse Sinn*, EOS, Sankt Ottilien 2011, S. 78 ff.

[4] G. Leopardi, „Pensieri LXVIII", in: ders., *Gedichte und Prosa*, Insel, Frankfurt a. M. 1979, S. 177 f.

für viele ein Unglück ist, sind für ihn das offensichtlichste Zeichen für die Größe der menschlichen Natur. Oft wird dieses Sehnen nach der Fülle auf ein ethisches Problem verkürzt, so als ob es um etwas ginge, das ich durch eigene Anstrengung erreichen müsste. Im Gegenteil, diese Spannung – die der Jugend eigen ist – ist vor allem eine Treue zu sich selbst, eine Treue zur eigenen Natur. Vor allem bringt die Zeit der Jugend ein Drängen zum Vorschein, das in uns steckt und das niemals aufhört. Und mit der Zeit bringt uns alles, was wir erleben, diese drängende Unruhe noch mehr zu Bewusstsein. Es ist, als würde eine leise Stimme zu uns sagen: „Merkst du nicht, dass alles, was du hast und alles, was du tust, nicht genug ist?", als würde jeder Erfahrung, die wir machen, die Frage innewohnen: „Fehlt dir nicht etwas? Sieh doch, ich bin es, der dir in allem fehlt, was du suchst." Das ist Teil der menschlichen Erfahrung. Und deshalb ist das nicht nur etwas für die „großen Persönlichkeiten" oder für diejenigen, die zu ethischen Kraftanstrengungen fähig sind. Das ist für jeden erreichbar, zuvorderst für die jungen Menschen, denn darin liegt die Größe des Menschen.

Riotta. *Giussani sagt den jungen Leuten: „Es muss sich eine ‚Begegnung' ereignen. Das ist der Königsweg zur Wiederentdeckung der Fragen, die den Menschen ausmachen: Menschen zu begegnen, in denen diese Fragen spürbar ihr Suchen prägen, diese Fragen, die sie offen machen für eine Lösung, die Schmerz oder Freude hervorrufen. Dann werden wir befreit von dem Berg von Felsbrocken"*[5]*, unter denen diese Fragen begraben liegen. Wie kommt es zu dieser Dynamik?*

Carrón. Wir alle haben den Wunsch zu lieben, aber erst wenn wir dem Menschen begegnen, den wir lieben, wird die in uns als Möglichkeit vorhandene Fähigkeit zu lieben freigesetzt. Niemand weiß wirklich, was es bedeutet zu lieben, bis er sich verliebt. Das Gleiche gilt für den Wunsch nach Glück. Denken wir an einen Jugendlichen, der auf einen Lehrer stößt, der seine ganze Neugierde auf die Wirklichkeit lenkt, oder an einen anderen, der einen Lehrer trifft, der ihn in die Schönheit der Musik einführt. Die

[5] L. Giussani, *Realtà e giovinezza. La sfida*, Rizzoli, Mailand 2018, S. 11. Eigene Übersetzung aus dem Italienischen.

Sehnsucht nach Wahrheit und Schönheit liegt gleichsam auf der Lauer und wartet nur auf eine angemessene Herausforderung. Wir können nur durch eine Begegnung wirklich verstehen, was wir uns wünschen, welche Möglichkeiten in uns verborgen liegen. Und je eindrucksvoller die Begegnung ist, desto mehr werden wir uns der Natur unserer Sehnsucht bewusst. Nur eine Gegenwart kann das Ich in seinem Innersten auferwecken. Die Begegnung ist unentbehrlich, wenn ich verstehen will, wer ich bin, sagt Don Giussani.

Riotta. *Im weiteren Verlauf des Weges, den er uns vorschlägt, führt Giussani ein Thema ein, das für alle grundlegend ist. Es ist wichtiger als Organisation und Politik. Es handelt sich um die Erziehung. Die ganze religiöse, menschliche, vernunftgeleitete, existentielle Erfahrung muss sich im Rahmen eines erzieherischen Weges entfalten. Ist das heute noch grundlegend?*

Carrón. Ich denke, das ist die entscheidende Frage. Für Giussani ist die Erziehung – in den Worten des österreichischen Denkers Josef Jungmann – eine „Einführung in die Gesamtwirklichkeit".[6] Das bedeutet, dass wir eine Sache nicht kennen, wenn wir einen Teil davon verstehen, sondern wenn wir in ihren Sinn eingeführt werden, so wie wir den Wert eines Rades nur in seiner Beziehung zur Gesamtwirklichkeit des Autos erkennen. Ohne die Beziehung zwischen der Einzelheit und dem Ganzen zu begreifen, können wir sie nicht kennen.

Eine spanische Schriftstellerin, María Zambrano, fragte sich, worin das Problem der Moderne besteht. Sie sieht das Problem, das uns auch heute betrifft, darin, dass es zu einem Bruch in der Beziehung zwischen dem Ich und der Wirklichkeit gekommen ist. Und wenn die Wirklichkeit das Subjekt – gleich ob es sich um Jugendliche oder Erwachsene handelt – nicht mehr herausfordert, treten auch nicht mehr jene Fragen nach dem Sinn hervor, auf die die Erziehung antworten muss. Tragisch wird es, wenn wir diese Fragen unbeantwortet lassen oder sie nur halb beantworten. Die Erziehung ist dann wahr, wenn sie dazu erzieht, alles mit

[6] J. A. Jungmann SJ, *Christus als Mittelpunkt religiöser Erziehung*, Herder, Freiburg /Brsg. 1939, S. 20.

einer Sinnhypothese anzugehen, vom Studium bis zur Liebe, zum Leid oder zur Langeweile. Eine wahre Erziehung ermöglicht, den Sinn von allem zu verstehen, sogar den Sinn des Zweifels. Der Zweifel ist eine Erfahrung, die unter jungen Menschen ungemein verbreitet ist und sie blockiert. Als ich kürzlich mit einer Gruppe von Universitätsstudenten sprach, wurde mir eine Frage gerade über den Zweifel gestellt und ich sagte: „Warum nutzt du den Zweifel nicht, um zu sehen, wie die Wirklichkeit dir darauf antwortet? Wenn du Zweifel hast, ob deine Mutter gut ist, dann helfen dir keine Erläuterungen und dir hilft es auch nicht, ein Buch über *die* Mutter zu lesen. Auf diese Zweifel sind nur Fakten, die das Gutsein deiner Mutter belegen, eine Antwort. Wenn du also Fragen oder Zweifel hast, dann sei aufmerksam auf die Wirklichkeit und prüfe, ob sie eine Antwort auf die Zweifel bereithält.“ So wird das Leben interessant, denn wenn du Fragen hast, entwickelst du die Fähigkeit, die Antwort zu entdecken, wo auch immer sie sein mag.

***Riotta.** Don Giussani nahm ein sehr aktuelles Thema vorweg: den Bezug zur Wirklichkeit. Mittlerweile ist die digitale Welt vorherrschend geworden. Im Web ist eines der entscheidenden Themen eben gerade der Bezug zur Realität. Ein Beispiel ist die ganze Debatte über* Fake News. *Ganze philosophische Schulen neigen dazu, zu leugnen, dass es eine starke Verbindung zwischen Wahrheit und Wirklichkeit gibt: alles was gesagt wird, ist gleichwertig. Wie sind wir in diese neue Lage gekommen, die von einem großen Misstrauen gegenüber der Wahrheit geprägt ist?*

Carrón. Meiner Meinung nach genau deshalb, weil es an Erziehung fehlt. Während einer Reise nach Barcelona unterhielt ich mich mit zwei jungen Leuten: „Wo lebt ihr euren Glauben?" – ich hätte auch irgendetwas anderes fragen können –, und sie begannen mir zu erzählen: „In einer Gruppe in der Pfarrei, in einer Schule." Ich fragte, was sie machten, und sie zählten alle Aktivitäten nacheinander auf. Da habe ich sie unterbrochen: „Aber wofür ist das alles gut?" Sie waren verblüfft: „Was soll das heißen, wozu ist das alles gut?" „Nehmen wir ein Beispiel, damit ihr den Sinn meiner Frage versteht: Ihr steht kurz vor dem Abitur; könnt ihr einem jüngeren Bruder von euch mit Gewissheit etwas über Mathematik mitteilen?" „Natürlich!" „Und über das Leben?" Schweigen! In diesem Moment kam ihre Mutter und sagte: „Weißt du, was meine kleine sechsjährige Tochter mich gefragt hat? ‚Mami, ist das Leben immer so?'" Mit sechs Jahren! Also fragte ich die beiden Jugendlichen: „Habt ihr eurer Schwester etwas zu sagen, ihr, die ihr schon achtzehn seid?" Schweigen! Alles, was sie tun konnten, war, sich an ihre Mutter zu wenden, um zu sehen, was sie antworten würde. Warum waren sie in der Mathematik mit nur wenigen Stunden Unterricht zu einer Gewissheit gekommen, während sie in Bezug auf das Leben nicht zu einer Gewissheit gekommen waren, obwohl ihnen unzählige Stunden zur Verfügung standen? Ihnen fehlte eine Methode. In der Mathematik hatte ihnen jemand eine Methode beigebracht, mittels derer sie zu einer Gewissheit kommen. Im Leben vermittelt niemand mehr eine Methode. Es fehlt eine Erziehung, die uns dazu befähigt, alles zu beurteilen, was uns widerfährt, und die wir erproben, um zu einer wachsenden Gewissheit zu kommen. Oft erzählen mir junge Menschen spektakuläre Dinge, aber sie sind nicht in der Lage, die tiefe Bedeutung dessen zu erkennen, was sie mir sagen. Deshalb sage ich ihnen jedes Mal, wenn ich ihnen zuhöre: „Wiederhole das, wiederhole, was du gesagt hast!" Oft können sie nicht einmal die Sätze wiederholen, die sie gerade gesagt haben. Ich bin es, der aus dem, was sie erleben und was sie mir erzählen, viel mehr lernt als sie. Deshalb unterstreiche ich, dass es ein Problem der Erziehung ist. Es geht darum, den Wert dessen, was wir erleben, nicht zu verlieren. Beispielsweise die Erfahrungen, die junge Menschen in der virtuellen Welt machen. Sie betreten die virtuelle Welt auf der Suche nach einer Identität, sie wollen wissen, wer sie sind und was der Sinn des Lebens ist, sie sind auf der Suche nach Gemeinschaft oder einem Freiraum, in dem sie sich frei aussprechen können, denn anderswo beurteilen die anderen sie. Sie tun dies alles, aber irgendwann spüren sie eine tiefe Unzufriedenheit. Diese Unzufriedenheit ist ein Zeichen, dass sie urteilen! Es bedeutet, dass ihr Ich funktioniert. Es kommt darauf an, ob es jemanden gibt, der sie bei dieser

Selbstentdeckung begleitet, damit sie beginnen, all das zu schätzen, was das Leben ihnen bietet.

Riotta. *Das wirklich große Paradoxon ist, dass man am Anfang gehofft hat, dass das Internet der Ort des Dialogs, der Begegnung sein würde, wo alle Dokumente zur Prüfung zur Verfügung stehen. Gleichzeitig entpuppt sich aber gerade das Internet als der Ort größter Entkopplung zwischen Wirklichkeit und Wahrheit. Was kann man daran machen? Kürzlich war ich in Brüssel, wo ich an einer Sitzung der Kommission über* Fake News *teilgenommen habe. Mir ist aufgefallen, dass viele Menschen, die viel mehr wissen als ich, sagen: „Erziehung, Erziehung, Erziehung". In der Zwischenzeit habe ich Don Giussanis Buch gelesen, das sich ganz auf dieses Thema konzentriert. Kann Erziehung wirklich ein Heilmittel auch für die digitale Welt sein?*

Carrón. Es ist die einzige Möglichkeit. Es gibt keinen Algorithmus, der *Fake News* identifizieren kann. Wenn das Wachstum der verfügbaren Informationen nicht Hand in Hand geht mit dem Wachstum der Person, die in der Lage ist, sie zu bewerten, wird das, was im wirklichen Leben passiert, auch mit dem Internet und seinen Nachrichten passieren. Als Don Giussani seinerzeit das Berchet-Gymnasium in Mailand betrat, hat er seinen Schülern gleich zu Beginn die Methode an die Hand gegeben, die sie brauchen, um mit dem Urteilen zu beginnen: „Ich bin nicht hier, damit ihr das, was ich euch sage, übernehmt, sondern um euch eine wahre Methode beizubringen, mit der ihr das, was ich euch sage, beurteilen könnt.“[7] Er gibt ihnen das Handwerkszeug für diese Überprüfung. Fehlt die Erziehung zum Urteilen, führt das nur zur Entfremdung. Eben das kennzeichnet die heutige Gesellschaft in vielerlei Hinsicht, denn es gibt immer jemanden, der sagt: „Du kannst die Dinge nicht verstehen, diese Welt ist zu komplex, also erkläre ich sie dir“, aber damit verhöhnt er dich. Deshalb sagt Giussani den jungen Leuten: „Wenn ihr nicht für den Rest eures Lebens entfremdet bleiben wollt, fangt an zu urteilen“, denn das ist die Methode, „vergleicht alles mit den Grundbedürfnissen des Lebens (Wahrheit,

[7] L. Giussani, *Das Wagnis der Erziehung*, a.a.O., S. 19.

Schönheit, Gerechtigkeit, Glück), sonst werdet ihr – auch wenn ihr von Freiheit sprecht – Sklaven der anderen sein."[8] Heute kann sogar die Freiheit, die das Internet bietet, im Grunde zu einer Form der Sklaverei werden, wenn ein junger Mensch nicht dazu erzogen wird zu urteilen.

Wenn wir uns nicht auf die elementare Erfahrung des Lebens einlassen, werden wir den verloren gegangenen Bezug zur Wirklichkeit nicht wiederherstellen. Die einzige Möglichkeit ist eine wirkliche Begegnung, die mehr Intensität und menschliche Fülle bietet als das Virtuelle und was es verspricht.

[8] Vgl. L. Giussani, *Der Religiöse Sinn*, a.a.O., S. 22.

„WER ERZIEHT, TEILT SICH SELBST MIT, SEINE ART, MIT DER WIRKLICHKEIT IN BEZIEHUNG ZU TRETEN“*

José Medina[1]. Die uns hier vorgeschlagene Arbeit ist eine Reflexion über die Erziehung der Kinder und der eigenen Schüler. Damit möchten wir vertiefen, was es bedeutet, zur Freiheit zu erziehen. Authentische Freiheit ist nur möglich, wenn ich weiß, wer ich bin, wenn ich meine Identität kenne. Wenn wir nicht wissen, was wir denen antworten können, die uns fragen, wer wir sind, sind wir dazu verdammt, in Angst zu leben.

Beitrag. *Ich bin keine Erzieherin: Ich habe ganz einfach Kinder! Ich habe mich immer schon in meiner elterlichen Aufgabe als sehr unzulänglich empfunden und fühle mich immer noch so. Meine älteste Tochter ist ziemlich an-*

* Notizen aus einem Dialog mit Julián Carrón zum Thema Erziehung. New York, 15. Februar 2019.

[1] P. José Medina ist der Verantwortliche der Bewegung Comunione e Liberazione in den USA.

spruchsvoll und hat einen sehr starken Charakter. Letzten Sommer habe ich dir, Carrón, gesagt, dass es einfacher war, auf ihre Bedürfnisse zu antworten, als sie noch klein war. Aber jetzt ist sie älter geworden, neun Jahre, und fängt an, sich selbst Fragen über das Leben zu stellen und mit ihren eigenen Wünschen zu kämpfen. Nun fühle ich mich wie gelähmt, weil ich nicht mehr in der Lage bin, ihre Bedürfnisse zu erfüllen, wie damals, als ich ihr die Windel gewechselt oder sie gestillt habe. Ich hatte dich gefragt: „Wie soll ich mich mit ihr auseinandersetzen?" Und du hattest geantwortet: „Die Fragen, die deine Tochter hat, sind deine eigenen Fragen und du musst dich auch selbst mit ihnen auseinandersetzen." Wenn es nur um mich geht, denke ich, dass ich damit umgehen kann, aber wenn es um meine Tochter geht, habe ich den Eindruck, dass ich es nicht schaffe. Als hätte man mir eine Aufgabe gestellt, der ich nicht gewachsen bin. Ich denke, diese Angst von mir spiegelt sich in Fragen wie dieser wider: „Wähle ich die richtige Schule für sie?" Wir haben kürzlich mit einigen Freunden darüber diskutiert: Wenn die Schule nicht gut genug ist, sollten wir eine andere wählen? Was können wir tun, wenn ihr in der öffentlichen Schule gesagt wird, dass ihr „Geschlecht" für sie vielleicht nicht hilfreich ist und dass sie vielleicht kein Mädchen ist? Ich fühle mich überfordert, weil ich so viele Entscheidungen für sie treffen muss. Das Problem ist offensichtlich viel größer als die Auswahl der richtigen Schule. Ich weiß, dass ich begleitet werde, und doch, ich weiß nicht warum, habe ich immer noch das Gefühl, dass meine Kinder bessere Eltern brauchen könnten, bessere Schulen ... Ich denke, das Problem ist klar.

Julián Carrón. Worum geht es bei der Erziehung? Ich habe immer den Satz von Don Giussani vor Augen: „Wer erzieht, teilt sich selbst mit, das heißt, seine Art, mit der Wirklichkeit in Beziehung zu treten."[2] Du fühlst dich überfordert, weil du nicht weißt, wie du mit den Problemen umgehen sollst, die sich zeigen, wenn deine Kinder größer werden. Die Gesellschaft fordert dich heraus und setzt dich unter Druck, und das macht dir Angst. Du fragst dich

[2] L. Giussani, „Viterbo 1977", in: ders., *Il rischio educativo*, SEI, Turin 1995, S. 84. Eigene Übersetzung aus dem Italienischen.

also, ob du in der Lage sein wirst, deine Kinder zu erziehen. Aber das ist überhaupt keine Frage des Könnens. Der einzige wirkliche Beitrag, den du für deine Kinder leisten kannst, die einzige authentische Antwort auf ihre Fragen, besteht darin, dass sie in dir einen Menschen sehen, in dem die Angst besiegt ist. Das Problem ist deine Erfahrung. Nur wer errettet wurde, kann die Errettung mitteilen. Nur wer den Sieg über die Angst erfährt, kann anderen vermitteln, wie man sie überwindet. Dies weist also auf das eigentliche Problem hin, auf das wir uns konzentrieren müssen. Als Erwachsene müssen wir uns als erste aufmachen und überprüfen, was über die Angst siegt: eine Angst, die nicht in unseren Kindern steckt, sondern in uns. Wenn wir diesen Sieg nicht erfahren, wenn wir uns nicht bewusst sind, was ihn möglich macht, werden wir weiterhin nur Angst mitteilen, auch wenn wir uns in einer Wegbegleitung wie dieser hier oder einer anderen befinden. Deshalb ist das einzige Ziel, das wir in der Fraternität von Comunione e Liberazione (Gemeinschaft und Befreiung) verfolgen, die persönliche Aneignung des Glaubens, den wir jeden Sonntag in der

Kirche bekennen. Wenn der Glaube nicht zu einer persönlichen Erfahrung wird, wenn er nur ein Diskurs bleibt, wird das, was wir vermitteln, in Wirklichkeit nur Angst sein. In der Familie mögen Mütter und Väter ihren Kindern oft die richtigen Phrasen wiederholen, aber wenn sie durch die Art, wie sie leben, eine Angst vor der Wirklichkeit vermitteln, werden ihre Kinder diese Angst sehen.

Es ist wichtig, die Methode zu verstehen, mit der Gott auf die Angst und Verwirrung der Menschen reagierte: Er sandte seinen Sohn, damit die Jünger einen Menschen sehen konnten, in dem die Angst besiegt war. Aber das ist auch heute noch Gottes Methode. Christus ist tatsächlich in der Geschichte gegenwärtig geblieben durch die menschliche Wirklichkeit der Kirche, die aus den Menschen besteht, die er erwählt hat und die ihn anerkennen. Deshalb ist seine Gegenwart ausgehend von den ersten, die ihn kannten, durch einen ununterbrochenen Strom von Menschen bis zu uns gelangt, damit wir jemandem begegnen, an dem wir sehen können, dass die Angst besiegt ist.

Eine Begegnung ist die einzige konkrete Antwort auf das Problem der Erziehung. Wir müssen uns also auf uns selbst konzentrieren, auf unseren eigenen Weg zur Gewissheit des Glaubens, denn nur so können wir einen Beitrag für andere leisten. Im Laufe der Jahrhunderte haben viele Familien diese Gewissheit vermittelt, ohne über ein großes intellektuelles Wissen zu verfügen. Das haben mir viele Menschen beim Tod meiner Mutter bezeugt. Sie war eine einfache Frau, sie hatte nicht studiert, aber sie vermittelte jene Art in der Wirklichkeit zu leben, die aus dem Glauben kommt. Das kam in ihrer Erfahrung, ihrer Freundlichkeit, durch ihr Herz und ihr ganzes Leben zum Ausdruck.

Nur eine Gegenwart kann die Angst überwinden. Wir sehen das bei kleinen Kindern. Das Kind geht in einen dunklen Raum und hat Angst, aber wenn du ihm deine Hand gibst, kann es ohne Angst den dunklen Raum durchqueren. Keine Theorie kann diese Art von Erfahrung ersetzen. Wer erzieht, der teilt sich selbst mit, d. h. die Art und Weise, wie er die Wirklichkeit auffasst und mit ihr umgeht. Die Antwort auf das Problem der Erziehung kann keine Theorie sein, sie muss etwas sein, das sich in der Erfahrung mitteilt. Es ist sinnlos, eine Antwort zu geben, wenn es keinen „Leib" gibt, in dem sie Fleisch wird und gesehen werden kann. In einem Erzieher nimmt eine Arbeitshypothese Fleisch, Gestalt an. Don Giussani bringt das so zum Ausdruck: „Die Verkündigung ist die Gegenwart einer Person, die vollkommen mit einem Sinn der Welt und des Lebens verbunden ist."[3], das heißt eines Menschen, in dem der Vorschlag verkörpert ist. Das macht die Erziehung der Kinder zu einer Herausforderung für uns Erwachsene. Nur wenn wir uns in unserer eigenen Erfahrung vergewissern, dass der christliche Vorschlag die Lösung für das Problem des Lebens darstellt, können wir ihn anderen vermitteln. Eine theoretische Behauptung überzeugt niemanden, wenn sie nicht in der Erfahrung konkreter Personen sichtbar wird. Fehlen solche Personen, dann ist es unmöglich zu erziehen, und das Reden über Erziehung wird zur Zeitverschwendung. So viele Reden über

[3] J. Carrón, *Lebendig ist etwas Gegenwärtiges!*, Oktober 2018 (abrufbar unter: de.clonline.org), S. 7.

Erziehung sind nutzlos, weil sie nicht von der Erfahrung ausgehen. Es ist sinnlos, eine Veränderung vorschlagen, wenn wir keinen Ort benennen, an dem sie erfahrbar wird. Denkt an die erste Begegnung von Johannes und Andreas mit Jesus. Was ist die Antwort Christi auf die Probleme des Lebens? „Kommt und seht." Das bedeutet: Es gibt einen konkreten Ort, eine Beziehung, in der man die Antwort sehen, anfassen und erfahren kann. Was ist die Kirche? Wie Don Giussani betont, ist die Kirche „ein Leben". Darum besteht die einzige Möglichkeit der Überprüfung, ob der christliche Vorschlag wahr ist, darin, an diesem Leben teilzunehmen. „Es bedarf eines Zusammenlebens mit ihr"[4], das heißt, man muss an dem Ort leben, wo Angst und Verwirrung überwunden werden, wo die Antwort auf die eigenen Fragen Erfahrung werden kann.

Medina. Bei der Lektüre des Buchs über das Leben von Don Giussani[5] fiel mir auf, dass

[4] L. Giussani, *Warum die Kirche*, EOS, Sankt Ottilien 2013, S. 15.

[5] A. Savorana, *Vita di don Giussani*, Bur, Mailand 2014.

Giussani zwischen 1968 und 1977, als die ganze Gesellschaft gerade auseinanderfiel, darauf beharrte, dass man die Welt nicht durch etwas verändern kann, das es nicht gibt, sondern nur indem man von etwas ausgeht, das bereits existiert.

Carrón. Nur etwas, das bereits verwandelt ist, kann die Welt verändern.

Medina. Man verändert die Welt nicht mit einer *Idee*, wie man sie besser machen kann, sondern durch etwas Wirkliches, das zum Ausgangspunkt dafür werden kann, die Welt anders zu betrachten. Was die Erziehung angeht, könntest du also damit beginnen, ausgehend von deiner eigenen Erfahrung die Schulen anzuschauen, in die du die Kinder schicken könntest, oder zu beurteilen, welche von ihnen den besten *Lehrplan* hat.

Carrón. Das ist die Heiligkeit, die Ausgeglichenheit, von der Don Giussani in seinem Buch *Warum die Kirche* spricht.[6] Aber was ist der Ursprung, der diese Ausgeglichenheit hervorbringt? Seine Gegenwart in unserem Leben,

[6] Vgl. L. Giussani, *Warum die Kirche*, EOS, Sankt Ottilien 2013, S. 306.

dieser überfließende Reichtum des Seins, der in uns eindringt und uns so erfüllt, dass wir alles in neuer Weise sehen. Andernfalls wäre der Ausgangspunkt eine Leere statt einer Überfülle und einer Gewissheit, und alles würde auf die Zukunft verschoben werden. Das Christentum ist etwas, das jetzt geschieht. Wenn es nicht jetzt ist, existiert es nicht. Es ist keine Bibliothek voller Bücher, sondern ein Ereignis, das ich den Menschen ansehen kann, die es leben und die dadurch verändert werden. Ist es das nicht, dann wird es auf eine Theorie unter anderen verkürzt. Was den wirklichen Unterschied ausmacht, ist eine gegenwärtige *Erfahrung,* die ich als Ausgangspunkt anbieten kann, als Fleisch gewordene Arbeitshypothese. Es gibt keine andere Möglichkeit: Mögen wir auch christliche Formeln auswendig nachsprechen, so wird das doch nie genügen, um das Christentum zu vermitteln. Als Don Giussani im Italien der 50er-Jahre die Bewegung begann, war fast jeder getauft und nahm am Leben der Pfarrei teil. All das war aber nicht mehr in der Lage, das Leben in Bewegung zu setzen. Das stellte er fest, als er anfing, im Gymnasium zu unterrichten.

Für viele junge Katholiken war das Christentum uninteressant geworden, weil es auf eine abstrakte Lehre und auf moralische Verbote verkürzt worden war. Aber das ist nicht das Christentum. Papst Franziskus erinnert uns: „Ich werde nicht müde, jene Worte von Benedikt XVI. zu wiederholen, die uns zum Herzen des Evangeliums führen: ‚Am Anfang des Christseins steht nicht ein ethischer Entschluss oder eine große Idee, sondern die Begegnung mit einem Ereignis, mit einer Person, die dem Leben einen neuen Horizont und damit seine entscheidende Richtung gibt.‘“[7]

Medina. Fordern also die Furcht und die Sorge um die Erziehung der Kinder meine Erfahrung als Erwachsener heraus, also das, was und wie ich gerade lebe?

Carrón. Ja, natürlich. Andernfalls wäre das alles ohne Nutzen. Das Christentum ist entweder ein Vorschlag für das Leben, der alles umfasst und betrifft, als Schlüssel zu allem, oder aber ein Christentum, das vom Alltag getrennt

[7] Franziskus, Apostolisches Schreiben *Evangelii gaudium*, 7.

ist und nur einen *Teil* der Wirklichkeit betrifft. Im letzteren Fall bräuchten wir ein anderes Kriterium, um auf die Fragen zu antworten, die sich in den verschiedenen Lebensbereichen stellen. Nur wenn ich einen überfließenden Reichtum, eine Fülle in meiner Beziehung zu Gottes Gegenwart erfahre, bin ich in der Lage, allem ohne Angst zu begegnen. Wir halten es irrtümlicherweise oft für möglich, sich mit der Erziehung, der Schule, der Krankheit, dem Tod auseinandersetzen zu können, ohne den Sieg Christi in all diesen Herausforderungen bereits erfahren zu haben. Deshalb können wir uns nur dann ernsthaft um unsere Kinder, unsere Jugendlichen kümmern, wenn wir uns zuerst um uns selbst kümmern. Ein angemessener Vorschlag für das Leben geht durch uns hindurch – ob wir es wollen oder nicht. Wir brauchen keinen theoretischen, sondern einen lebendigen Vorschlag. Das ist die Methode Gottes: „Das Wort ist Fleisch geworden". Das ist das Christentum: Das Wort – die Arbeitshypothese – ist Fleisch geworden „und wohnt unter uns".[8] Für wie viele

[8] Vgl. Joh 1,14.

von uns gilt das zwar in der Messe, in unseren Versammlungen und in unseren Gesprächen, nicht aber im täglichen Leben! Das Wort, der Vorschlag, die Arbeitshypothese ist Fleisch geworden. Fleisch, Fleisch, Fleisch! Es ist Fleisch geworden und bleibt an einem Ort gegenwärtig, an dem ich es berühren, sehen, als Antwort auf die Fragen des Herzens erkennen kann, ein Ort, an den ich andere einladen kann, dasselbe zu tun: „Kommt und seht". Wir sind aufgerufen, genau dies zu überprüfen. Von Anfang an, vom allerersten Wort Jesu im Evangelium an, gibt es keine andere Methode: „Kommt und seht", sagte er zu den ersten beiden, die er am Ufer des Jordans traf.

Beitrag. *Ich bin Grundschullehrerin an einer katholischen Schule. Ich habe einige Freundinnen, Schulkolleginnen und Mütter in meiner Umgebung gebeten, zusammen das Buch* Die wehrlose Schönheit *zu lesen.*[9] *Seit ich dies mit den anderen teile, habe ich bemerkt, dass meine Arbeitsweise in der Schule interessanter wird*

[9] J. Carrón, *Die wehrlose Schönheit*, EOS, Sankt Ottilien 2018.

und sich mir größere Möglichkeiten bieten. Zum Beispiel wurde ich gebeten, in einem Team für Lehrplanentwicklung *(einer Expertengruppe zur Planung des Lehrangebot der Schule) mitzuarbeiten, weil meine Schule ihren katholischen Charakter deutlicher machen möchte. Ich fühle mich dieser Aufgabe nicht gewachsen: Ich bin keine Verwaltungskraft, sondern Grundschullehrerin, und ich schaffe es so gerade, meine Arbeit zu machen. Ich habe jedoch erkannt, dass mein Team und ich nicht unbedingt besondere Intelligenz oder einen brillanten Plan benötigen. In meiner Schulklasse haben wir unsere Disziplinarmethoden überdacht. Jedes Mal, wenn ein Kind eine Regel missachtet, wird auf einem Blatt ein Strich eingetragen, um das Kind daran zu erinnern, dass es nicht gehorcht hat. Ich merkte bald, dass mir diese Methode nicht passte. Zuerst sah ich, dass sie nicht funktionierte, also das Verhalten der Schüler nicht wirklich veränderte, und dann fragte ich mich: „Liebt Gott mich auf diese Weise? Gibt es irgendetwas, das ‚göttlichen Strichen' ähnelt, wo ich doch ständig gegen die Regeln verstoße?" Das ist nicht die Art, wie Gott mich liebt. Also ging ich das*

Risiko ein, warf das Blatt Papier weg und machte mir keine weiteren Notizen über den Ungehorsam der Kinder. Jetzt bin ich gezwungen, mit ihnen zu sprechen. Das ist für mich zu einer Gelegenheit geworden. Sie erinnert mich daran, dass ich aufgerufen bin, ebenso barmherzig zu sein, wie man mir mit Barmherzigkeit begegnet, wenn ich versage. Ich betrachte diese Kinder nicht mehr mit dem Gedanken: „Wie wird dieser Tag verlaufen?", sondern mit Erbarmen.

Carrón. Worauf müssen wir unsere Aufmerksamkeit richten? Was fehlt noch? Wie lautet die Antwort? Das sind die normalen Fragen, die sich im Alltag stellen. Vor ein paar Wochen traf ich eine Frau, die über ihre Frustration berichtete, mit der sie feststellte, wie wenig sie sich verändert hatte. „Aber selbst wenn sich nur eine Kleinigkeit in dir verändert hat", sagte ich ihr, „ist das das Einzige, worauf du achten musst". Sie ist Physiotherapeutin, also fragte ich sie: „Wenn du mit jemandem zu tun hast, der nach einem Autounfall völlig gelähmt ist und plötzlich anfängt, einen kleinen Teil seines Körpers zu bewegen, bist du dann glücklich oder niedergeschlagen? Du bist natürlich glücklich, und du bist glücklich, weil sich etwas bewegt, ein Teil seines Körpers, während 99 Prozent seines Körpers noch gelähmt ist. Du kannst auf den Teil schauen, der sich bewegt, oder du kannst auf alles schauen, was noch gelähmt ist. Aber selbst wenn sich nur ein kleiner Teil bewegt, ist das das Wichtigste, denn das ist der Grund für die Hoffnung, dass sich in Zukunft auch ein anderer Teil bewegen wird." Wir fixieren uns oft auf das, was fehlt, ohne zu bemerken, was sich bereits verändert hat; und diese Haltung führt dazu, dass wir angesichts der Wirklichkeit immer niedergeschlagener werden. Wenn wir hingegen dort, wo Veränderung geschieht, anerkennen, was da ist und unserem Herzen entspricht, dann verändert uns das und stellt die Möglichkeit dar, andere zu begleiten, damit sie es ebenfalls bemerken.

Beitrag. *Unser Sohn ist fast sechs Jahre alt und hat eine Chromosomenanomalie. Erst vor ein paar Monaten haben wir herausgefunden, dass unsere fast zweijährige Tochter das gleiche Syndrom hat. Bei dieser Anomalie wachsen zwar die kognitiven Fähigkeiten, aber das* *emotionale Niveau bleibt das eines Dreijährigen. Deshalb interessiere ich mich für das Thema der Erziehung. Wie du dir vorstellen kannst, ist unser Leben in unvorhergesehener Weise eng mit der Schule unseres Sohnes verbunden. Ich spreche viel mit den Lehrern, ich versuche zu verstehen, wie man den Dialog mit ihnen verbessern kann. Ich erkenne, dass auch wir oft die Lebensweise der Welt akzeptieren, das Lebensmodell aller, und so sind wir nie zufrieden, weil das Leben gespalten ist. Wie Jesus im Evangelium sagte, kann man nicht zwei Herren dienen. Da ich in Hongkong lebe, bin ich mir dessen sehr bewusst. Ich frage mich immer wieder: Wie wird die Erziehung meiner Kinder sein? Ich brachte meinen Ältesten zur „Beschäftigungstherapie", wo sie versuchten, ihm beizubringen, wie man einen Stift hält. Aber ich musste aufhören, weil er seine Schuhe nicht anbehalten wollte, er schrie wie ein Dreijähriger, der einen Wutanfall hat. Medina sagte mir: „Vielleicht kann das Halten eines Stifts ihm eine neue Welt eröffnen." Doch was bedeutet Erziehung für sie?*

Medina. Ich erinnere mich an unser Gespräch, in dem du sagtest, dass dein Sohn Wutanfälle hat, aber gerne zeichnet. Warum schaust du nur auf all die Aspekte, in denen er anders ist, warum erkennst du nicht, dass es etwas gibt, das ihn auf andere zugehen lässt? Mit David Schindler hatten wir ein Gespräch über Freiheit. Er sprach darüber, dass wir normalerweise darauf fixiert sind, dass Freiheit bedeutet, „Möglichkeiten zu haben“, und so versteifen wir uns auf Hypothesen nach der Art: „Was wäre, wenn …“ Während wir in Wirklichkeit nur frei sind, wenn wir uns für etwas entscheiden. Was bedeutet das für uns, wenn es um Erziehung geht? Es bedeutet, auf die Schüler zu schauen, auf unsere Kinder zu schauen, aufeinander zu schauen, von dem auszugehen, was *vorhanden ist* und nicht von dem, was fehlt. Manchmal habe ich den Eindruck, dass meine Freunde mich ansehen, als wäre ich ein bisschen naiv: „Du weißt nicht, wie die Welt hier draußen ist …“ Aber ich bin nicht naiv und ich glaube wirklich, dass wir von dem ausgehen müssen, was da ist.

Carrón. Das ist das grundlegende Problem. Mich hat immer ein bildlicher Vergleich beeindruckt, den der Prophet Jesaja in einem Text benutzt, der als Adventslesung verwendet wird:

ein riesiger trockener Baumstamm, auf dem ein klitzekleiner Spross sprießt. Er sieht aus wie nichts im Vergleich zum Rest, er macht nur ein Prozent aus, und wer weiß, wie er in Zukunft aussehen wird? Ist es naiv, unsere Aufmerksamkeit darauf zu richten? Wir müssen die Wirklichkeit anschauen. Ist es naiv, diese Methode in allen Umständen zu verwenden, auch bei Glaubens- und Erziehungsfragen? Nein, sage ich, denn nur wenn wir von echten Veränderungen ausgehen, wie klein auch immer sie sein mögen, können wir auf die Zukunft hoffen. Wir befürchten oft, dass das nicht ausreicht, um sich mit der Wirklichkeit auseinanderzusetzen. Gottes Methode fordert unsere Mentalität heraus: Niemand hätte einen einzelnen Mann, Abraham, dazu auserkoren, die Welt zu verändern. Aber Gott hat das getan. Heißt das, dass Gott naiv und absolut unrealistisch war? Das ist der Stolperstein, über den wir immer in uns selbst stolpern, weil wir nicht glauben, dass Gottes Plan, seine Methode, wirksam genug sein kann, um die Welt zu verändern. Deshalb zögern wir, unsere Hoffnung auf eine Begegnung zu setzen, auf die Art von Erziehung, die dabei herauskommt, auf die Möglichkeit, Herausforderungen mit einer Arbeitshypothese zu begegnen, die „Fleisch geworden“ ist. In unseren Augen ist das sinnlos, Zeitverschwendung, naiv. Und so tun wir nichts anderes, als Gottes Plan auf ein Nichts zu verkürzen. Uns erscheint es als zu naiv, zu denken, dass eine Veränderung nur durch seine Methode möglich sein kann: die Erwählung, die Auswahl eines Menschen. Aber tatsächlich ist das die einzige Methode, die die Freiheit respektiert. Als Alternative gibt es nur die Methode der Macht: Der Mensch zwingt sich dem anderen Menschen mit Gewalt auf. Wir glauben nicht an die von Gott gewählte Methode, wir sind davon überzeugt, dass es naiv ist, ihr zu folgen, deshalb suchen wir anderswo nach Hilfe, so dass am Ende das Christentum auf einen unbedeutenden Lebensvorschlag verkürzt wird. Deshalb sind wir gelähmt, wenn es um die Erziehung geht. Deshalb haben wir das Gefühl, schon besiegt zu sein, bevor wir überhaupt anfangen. Wir können nicht glauben, dass die Antwort auf unsere Probleme, auf eine komplexe Situation wie die, in der wir uns befinden, dass diese Antwort durch eine menschliche Wirklichkeit hindurchgeht, die zwar voller Begrenzungen ist, in der aber der Herr gegenwärtig ist. So streben wir mit unseren Strategien und unseren Projekten nach jenem „Mehr", das nach unserer Meinung im Plan Gottes fehlt, so dass, so denken wir, dieser Plan nicht wirklich wirkt.

Medina. Ich lebe mitten in all den Problemen, die die Kirche durchmacht. Viele versuchen, das Böse einzuhegen und zu kontrollieren. Sie schlagen dazu vieles vor, aber nicht das Gute, das bereits existiert. Was bedeutet es zum Beispiel für eine Schule, katholisch zu sein? Die meisten Menschen denken sofort an Lehrpläne und Programme, aber das eigentliche Problem ist, ob in der Schule etwas Wahres geschieht.

Beitrag. *Vor ein paar Monaten war ich an der Gründung eines katholischen Kindergartens beteiligt; ich wollte, dass auch meine Kinder ihn besuchen können. Dann kam ich mit einer katholischen Sekundarschule in Kontakt, die ebenfalls im September letzten Jahres eröffnet worden war und sich im selben kircheneigenen Gebäude wie der Kindergarten befindet. Ich* *fragte, ob ich in irgendeiner Weise helfen könne. Sie baten mich, das Freiwilligenprogramm zu koordinieren. Ich traf mich mit dem Schulleiter und schlug vor, dass wir uns einmal im Monat mit den Schülern treffen, um Don Giussanis* Der Sinn der Caritativa[10] zu *lesen und gemeinsam an einem Gestus der Nächstenliebe, der sogenannten Caritativa, teilzunehmen.*[11] *Er war einverstanden. Ich habe mich bereits zweimal mit den Schülern getroffen. Ich habe mit Erstaunen festgestellt, dass ich sie mit Zuneigung anschaue. Erstaunt entdecke ich, dass ich in der Sekundarschule und sogar im Kindergarten vor ihnen stehen kann, weil ich keine Angst mehr davor habe, was die Leute denken werden, und weil ich freier auf meine Sehnsucht schaue.*

[10] L. Giussani, *Der Sinn der Caritativa* (abrufbar unter: de.clonline.org). *Der Sinn der Caritativa* ist inhaltlich und methodisch der Referenztext für eine Erziehung zur Nächstenliebe in der kirchlichen Bewegung Comunione e Liberazione.

[11] Der Begriff „Caritativa“ bezeichnet die regelmäßige Verrichtung eines Aktes der Nächstenliebe, der das Leben regelmäßig prägt. Diese Regelmäßigkeit und die Tatsache, dass die Geste nicht so sehr gemacht wird, um erschöpfend auf ein Bedürfnis zu antworten, dienen dazu, uns in unserem täglichen Leben daran zu erinnern, dass das angemessenste „Gesetz“ für das Leben die Unentgeltlichkeit ist, die das Christentum bringt.

Carrón. Warum denkst du, dass es so wichtig ist, frei zu sein? Welche Veränderung hast du an dir erfahren? Warum hast du keine Angst mehr, du selbst zu sein? Wann werden wir frei, wir selbst zu sein? Was bedeutet das für dich, für die Art, mit der Wirklichkeit umzugehen, vor den Kindern, dem Schulleiter, vor der Familie zu stehen? Was bedeutet es für dich, frei zu sein? Du hast auf jeden Fall einen wichtigen Schritt gemacht.

Beitrag. *Ich bin frei, weil ich nicht allein bin, es gibt einen Anderen, der mich begleitet und der in mir am Werk ist. Ein Anderer kümmert sich um alles. Ich weiß nicht, was passieren wird, aber ich kann mit Zuversicht nach vorne gehen.*

Carrón. Nur wenn wir so frei werden wie du, können wir eine konkrete Erfahrung wie die der Caritativa anbieten, bei der die Schüler und der Schulleiter sehen können, was im Leben der Menschen, die sich darauf einlassen, passieren kann. Wir versuchen nicht, das ganze System umzukrempeln oder das, was die Schule vorschlägt, von Grund auf zu ändern. Wir laden lediglich zu einem karitativen Gestus ein. Wir wollen sehen, was in den Menschen passiert, die sich darauf einlassen. Und was mit dem Schulleiter und den Familien passiert, wenn sie sehen, was in denen passiert, die sich darauf einlassen, um dann zu verstehen, welche Folgen das für das ganze System hat. Das ist es, was Giussani uns gelehrt hat. Er sagte, er wolle kein Alternativprogramm zum italienischen Bildungssystem vorschlagen, sondern das in die Schule einbringen, was sie anders, menschlicher machen könnte, was sogar die Art und Weise, wie man in der Schule ist, menschlicher machen und der Erziehung eine neue Bedeutung geben kann. Nur wenn man diese Erfahrung der Neuheit in Aktion sehen kann, können andere sie verstehen. Wir verschwenden oft unsere Zeit mit dem Versuch, Menschen von etwas zu überzeugen, das sie nicht sehen können. Wir müssen etwas vorschlagen, das die Menschen erfahren können, worin sie die Veränderung, auf die sie warten, sehen und anfassen können. Ansonsten ist jede Anstrengung nutzlos.

Das Christentum ist etwas, das die Vorstellungskraft übersteigt. Hätte Christus versucht, das Christentum zu erklären, es wäre sinnlos gewesen. Er verschwendete keine Zeit damit, sondern lud die Menschen ein, eine Erfahrung zu machen. Er setzte sich mit den Zöllnern an den Tisch. Indem sie bei ihm waren, begannen sie, eine andere menschliche Erfahrung zu machen. Auf diese Weise begann sich ihre Art, die Wirklichkeit wahrzunehmen und über sie nachzudenken, zu verändern. Mir ist immer ein Satz von Don Giussani aufgefallen, der betont, dass erst durch die Erfahrung etwas mir, dir zu eigen wird: „Eine Definition muss von etwas ausgehen, das man schon kennt, sonst wäre sie nur ein aufgezwungenes Schema."[12] Es ist unmöglich, etwas existenziell Entscheidendes, Lebenswichtiges zu verstehen, wenn es nicht zur Erfahrung wird. Wie können wir die Bedeutung der Liebe verstehen – und somit mitteilen? Nur indem wir Liebe erfahren. Nur auf dem Weg der Erfahrung können wir die Bedeutung von Worten wie *Freiheit*, *Liebe*, *Nächstenliebe* verstehen. Sonst ist es unmöglich. Keine Strategie ist für diesen Zweck geeignet. Wir müssen die

[12] L. Giussani, *Am Ursprung des christlichen Anspruchs*, EOS, Sankt Ottilien 2011, S. 79.

Intelligenz unserer Freundin haben, einen konkreten Vorschlag, wie klein er auch immer sein mag, zu machen, ohne zu erwarten, dass er sofort das ganze System verändert, und dann zu sehen, was passiert. Die Caritativa ist nur ein kleiner Gestus, der aber Auswirkungen hat, die unsere ganze Denkweise beeinflussen. Ich bin immer wieder erstaunt darüber, wie sehr sich die Sicht auf die Wirklichkeit derjenigen verändert, die diesem Gestus treu folgen. Wir müssen die Menschen dazu einladen, das selbst zu erfahren. Nur so können andere etwas Neues in uns erkennen, können sie das Neue, das wir ihnen zu bieten suchen, mit eigenen Händen berühren.

Medina. Im Januar fuhr ich zur Ferienfreizeit der Schülerjugend nach Miami, Florida. Die Zeugnisse, die ich hörte, brachten eine bewegende Tiefe ihrer Erfahrung zum Vorschein. Zwei Dinge sind dabei herausgekommen. Zunächst, dass Erziehung aus der *Beziehung* der Schüler zu bestimmten Lehrern entsteht und aus der Erfahrung, wie der Alltag gelebt wird. Morgens kommen sie zusammen, um zu beten, dann wechseln sie ein paar Worte, frühstücken und gehen zum Unterricht. Am Nachmittag treffen sie sich wieder, um gemeinsam zu lernen und viele andere Dinge zu tun. Das erinnerte mich an den Band *Der Sinn der Caritativa*, wo Giussani sagt, dass das Gesetz der Existenz die Gemeinschaft ist, und dass man sie nicht durch die Vervielfachung der Dinge, die man tun soll, lernt, sondern – das ist das Zweite – durch einen Gestus, einen Vorschlag voller Bedeutung, dem man treu bleibt. Dann werden wir eine Veränderung in unserem Leben sehen. Wir verändern uns, indem wir uns an Vorschläge voller Sinn und Bedeutung halten.

Carrón. Junge Menschen mit einem komplizierten Vorschlag zu verwirren, anstatt das Wesentliche anzubieten, ist eine Versuchung, der wir Erwachsenen immer wieder erliegen können. Unsere Fähigkeit zu erziehen wächst hingegen, wenn es uns gelingt, einige elementare Dinge zu benennen. Diese schlagen wir vor und laden die Jugendlichen ein, sich treu daran zu halten und darauf zu achten, was geschieht. Denn nur langsam, ganz langsam, wie bei euren Kindern, kommt ein Jugendlicher zum Verstehen. Wenn wir in unserer Mitteilung einfach und elementar sind, können wir die Jugendlichen dergestalt fördern, dass sie eine Erfahrung machen. So können wir ihnen zu verstehen helfen, was in jedem Vorschlag steckt, den wir ihnen machen, wie zum Beispiel der Vorschlag der Caritativa. Nur wenn sie diesen Weg gehen, wird sich ihre Denkweise allmählich ändern. Das ist nicht naiv, es ist vielmehr der einzig realistische Weg, um zu erziehen: einen Gestus vorzuschlagen, der den Menschen ermöglicht, aus dem Inneren ihrer eigenen Erfahrung heraus die grundlegenden Dimensionen des Lebens und die angemessene Antwort auf die Fragen des Herzens selbst zu entdecken.

Beitrag. *Unter meinen Schülern ist ein Mädchen, das ich im letzten Halbjahr in Religion und Mathematik unterrichtet habe. Sie beschäftigt sich sehr leidenschaftlich mit dem Thema der sozialen Gerechtigkeit und vertieft sich in die Problematik der Menschenrechtsverletzungen. Nachdem ich einen Dokumentarfilm über den Sudan gesehen hatte, kam ich auf die Idee, einen Jungen, der aus dem Sudan geflüchtet war, einzuladen, um mit uns über den dort anhalten-*

den Völkermord zu sprechen, und sie stimmte bereitwillig zu. Ich beschloss, etwas zu riskieren; ich lud sie ein, die Verantwortung für den Besuch dieses ehemaligen Flüchtlings in unserer Schule zu übernehmen. Sie nahm den Vorschlag an und begann, die Nachricht auf ihrer Instagram-Seite zu verbreiten, erzählte es ihren Freunden, schickte E-Mails an die Abteilungen für Geschichte und Religion. Wir haben es geschafft, den Klassenraum mit Schülern und Lehrern zu füllen. Irgendetwas in der Begegnung mit mir hatte sie motiviert. Nach einiger Zeit bat sie mich, ihr bei der Planung einer Gebetsandacht für die Opfer der Schießerei in Parkland (Florida, 14. Februar 2018) zu helfen, obwohl die Schulverwaltung dagegen war, weil sie befürchtete, dass es zu einer politischen Veranstaltung werden könnte. Aber die Schülerin war sehr aufrichtig, sie sagte, sie wolle nur das Leben der Verstorbenen würdigen, und am Ende wurde ihr die Erlaubnis erteilt. In dieser Angelegenheit habe ich erkannt, dass ich den Umständen mit Freiheit begegnen kann, weil ich selbst durch eine Begegnung von etwas Großem ergriffen worden bin. Es gibt einen An-

deren, der in meinem Leben handelt. Nicht ich bin es, der etwas aufbaut. Ich kann nur weiterhin „ja" sagen und Gott bitten, dass ich mich mehr und mehr für das Leben meiner Schüler interessiere. Viele von ihnen haben nicht reagiert, aber die Freiheit meiner Schülerin hat sich in Bewegung gesetzt. Vielleicht geht es ja bei der Erziehung genau darum, dass sie eine andauernde Anregung zur Freiheit sein muss; es beginnt damit, dass ich das Risiko der Zerbrechlichkeit der Freiheit eingehe und zu einer Initiative einlade. Für mich sind die Beziehung zu dieser Schülerin, das Aufblühen ihrer Risikobereitschaft und ihrer Leidenschaft ein großes Zeichen für die Gegenwart Christi in unserer Schule. All die Dinge, für die ich mich engagiere, die Dinge, die das Interesse meiner Schüler geweckt haben, sind möglich dank der Freunde der Bewegung, die mir mit ihrer Leidenschaft etwas vermittelt haben, das größer ist als sie selbst. Aber mir stellen sich Fragen: Warum ist dieses Mädchen so lebendig und andere nicht? Welchen Wert hat die Zeit, die ich mit anderen Schülern, die nicht so darauf ansprechen, verbringe? Was bleibt vom Samenkorn dieser Beziehung übrig, das im letzten Monat so vielem Leben gegeben hat? Was ermöglicht, dass die Freiheit weiter wächst, um so auch andere zu erreichen?

Carrón. Bei einer Lehrerversammlung in Italien ergriff als erste eine Lehrerin das Wort, die eine besonders schwierige Klasse hatte. Jeden Tag musste sie darum kämpfen, die Schüler voneinander zu trennen, damit sie in der Klasse arbeiten konnte. Keine Strategie funktionierte. Aber sie bemerkte, dass sich zu einem von ihnen, einem der Meinungsführer der Klasse, eine besondere Beziehung entwickelte. Eines Tages betrat sie wieder das Klassenzimmer, und noch bevor der übliche Kampf um die Bändigung der Schüler begann, wechselte dieser Junge von der hintersten zur vordersten Tischreihe, um aufpassen zu können. Sie war beeindruckt, dass einer der Schüler auf ihre Herausforderung angesprochen hatte, aber sie fragte sich: „Was ist mit den anderen?" Ich erwiderte: „Siehst du nicht, dass in dieser aufkeimenden Vorliebe auch der Schlüssel liegt, um die anderen dreißig Schüler zu erreichen?" Die einzige Möglichkeit, jemanden in der Tiefe seines Herzens zu bewegen, liegt genau in dieser Art von Vorliebe, die nicht auf eine einzelne Person fixiert ist und niemanden ausschließt. Im Gegenteil, wenn so etwas geschieht, verändert sich auch das menschliche Klima im Umfeld. Für alle entsteht eine neue Möglichkeit der Beziehung, die sich bei jedem in einer Zeit und auf eine Art und Weise entwickeln wird, die nicht in unserer Hand liegen. Du sagst etwas Ähnliches: Die Beziehung zu diesem Mädchen bot dir die Möglichkeit, zu sehen, worin die grundlegende Methode besteht, um das Problem als Ganzes anzugehen, nicht nur den speziellen Einzelfall. Warte also ab, halte die Augen offen und schaue, ob mit jemand anderem etwas Ähnliches passiert. Wir wissen nicht, wann es geschieht oder wer auf unsere Anwesenheit ansprechen wird. Wir schauen nur dabei zu, wie unsere Anwesenheit von Gott benutzt werden kann, um jemand anderen in Bewegung zu versetzen. Warum ist dieses Mädchen so lebendig, und warum sind andere scheinbar weniger lebendig? Das ist Teil des göttlichen Plans: Nicht jeder wird zur selben Zeit gerufen. Und wir wissen: Wenn jemand berufen ist, ist er nicht nur für sich selbst, sondern auch für alle anderen berufen. Nur wenn wir diesem Ruf folgen, können wir für andere von Nutzen sein. Welchen Wert hat die Zeit, die wir mit Schülern verbringen, die in ihrer Freiheit unserer Anwesenheit solchen Widerstand entgegenzusetzen scheinen? Sie hat den Wert einer Geste der Nächstenliebe, denn wir wissen nicht, wann einer von ihnen in Fahrt kommen wird, von unserer Anwesenheit angezogen sein wird, von ihr fasziniert sein wird. Wir wissen es nicht. Wir können nur vor ihren Augen unser Leben leben. Wir wissen nicht, wie unser Ja zu Christus, unser Ja zu unserer Arbeit, vom Geheimnis benutzt werden wird, um den einen oder anderen Schüler zu erreichen. Deshalb ist es sehr wichtig, dass wir die Freiheit und die Ausdauer haben zu warten. Das Problem sind nicht unsere Schüler, das Problem sind wir. Worin besteht dann der Wert der mit ihnen verbrachten Zeit? Sie stellt für uns vor allem die Möglichkeit dar, das wiederzuentdecken, was uns gegeben wurde und was uns ausmacht: die Beziehung zu einer an einem präzisen menschlichen Ort erfahrbaren Gegenwart, die auf unsere Bedürfnisse, auf unser Herz antwortet und uns erlaubt, in aller Freiheit bei den Schülern zu sein, ohne sich dabei unter Erfolgsdruck setzen zu lassen. Eben die in der Beziehung zu dieser Gegenwart erlebte Fülle erlaubt es uns, nicht die Zeit zu messen, die andere brauchen, um darauf anzusprechen, sondern ihre Freiheit zu lieben. Die Wahrheit teilt sich durch die Freiheit mit, es gibt keinen anderen Weg. Wir müssen also darauf warten, dass die Freiheit des anderen durch unsere Anwesenheit in Bewegung gesetzt wird. Die Beziehung zwischen dir und diesem Mädchen ist wie ein Samenkorn, das du vor deinen Schülern ausgesät hast. Damit können sie, soweit sie dazu bereit sind, erkennen, wonach sie suchen, ohne noch zu wissen, was es ist. Es ist eine Möglichkeit wie die, die Jesus den Jüngern anbot: „Kommt und seht." Er schlägt einen Ort vor, an dem zunächst die Jünger sehen können, damit später – durch sie vermittelt – andere sehen können. Warum hat er sich entschieden, sie zu berufen und nicht andere? Dies ist Teil seines geheimnisvollen Plans. Das Mädchen begann, dem zu folgen, was sich vor ihren Augen bewegte, folgte dem, was vor ihr war, und gehorchte. Wir müssen diesem Plan folgen. Gott hat dir dieses Mädchen angeboten und nicht ein anderes, das dir vielleicht besser gefallen hätte. Aber wir können nicht entscheiden, wer sich für das, was wir anbieten, interessieren wird. Diese Entscheidung liegt nicht in unseren Händen. Unsere Entscheidung besteht nur darin, dem zu gehorchen, was Gott vor unseren Augen wirkt. Wir können diese Art von Beziehung jedem in der Schule vorschlagen. Wie sich das dann in den anderen wird entwickeln können, das ist Gottes Problem, nicht unseres.

Beitrag. *In diesem Jahr habe ich wahrgenommen, wie sehr ich mich nach einer Vertrautheit mit Christus sehne.*

Carrón. Warum ist das für dich so grundlegend?

Beitrag. *Wenn ich ihn nicht finde, habe ich keine Gewissheit in Bezug auf die Dinge.*

Carrón. Du kannst beunruhigt sein, wenn jemand nicht auf das eingeht, was du vorschlägst. Christus aber erlaubt uns, unseren Weg mit dem zu uns passenden Tempo zu gehen, er drängt uns nicht mit Gewalt, er hat eine tiefe Achtung für unsere Freiheit. Ohne eine solche freie

Beziehung ist es unmöglich zu erziehen. Wenn du die Kinder anschaust, sagst du ihnen durch deinen eigenen Blick, ob du sie annimmst, so wie sie sind, oder nicht. Nur wenn du dir der liebevollen Beziehung zu Christus wirklich sicher und von ihr erfüllt bist, kannst du mit den Schülern zusammen sein, ohne Gewalt auszuüben. Wir müssen das Zeitmaß des Gegenübers achten, denn jeder Schritt erwächst aus der Freiheit, und wir wissen nicht, wann sich die Freiheit des anderen in Bewegung setzt, wann sich der andere verändert. Die Freiheit des anderen kann man nicht wie einen Mechanismus in Bewegung setzen, wie wenn man den Schalter umlegt und das Licht angeht. Die Freiheit ist frei. Nehmen wir nicht am Ende genau daran Anstoß? Daran, dass Gott beschlossen hat, den Menschen als freien Menschen zu erschaffen. Gott hat uns als freie Wesen erschaffen. Und Christus hat sein Leben für unsere Freiheit hingegeben, damit wir wirklich frei sein können.